20754

DESCRIPTION ET EXPLICATION

Des Globes qui sont placés dans les Pavillons du Château de Marly,

Par Ordre de SA MAJESTE'.

Par M. DE LA HIRE, Professeur Royal en Mathematique.

A PARIS, De l'Imprimerie de L. V. THIBOUST, Place de Cambray.

M. DCC. IV.

DESCRIPTION DES GLOBES QUI SONT PLACÉS AU CHATEAU DE MARLY.

AU commencement de l'année 1704. le Roy a fait poser dans les deux derniers Pavillons du Jardin de son Château de Marly, les Globes que Son Eminence Monseigneur le Cardinal d'Etrées avoit fait construire avec un tres-grand soin par le Pere Coronelli Venitien. Ces Globes ont chacun 12. piés de diametre, & par conse-

Description des Globes.

quent 37. piés 8. pouces ½ de circomference. Sa Majesté en a fait faire les Méridiens & les Horizons de Bronze, lesquels sont soûtenus chacun par 8. colonnes de même matiere, & les Méridiens sont portés sur 2. piés de Bronze, qui sont enrichis de tous les ornemens qui y ont du rapport.

Entre les quatre Consoles qui forment les piés des Méridiens, on a mis sous chaque Globe une grande Boussole enrichie de Marbre & de Bronze. Ces Boussoles marquent la déclinaison de l'aiguille aimantée, qui étoit au commencement de l'année 1704. de 9. degrés 6. minutes du Septentrion vers le Couchant.

Tous ces Ouvrages ont été executés par les plus habiles Ouvriers de ce tems, sous les ordres de Monsieur Mansart Sur-Intendant des Bâtimens de Sa Majesté.

On a placé sur le Globe Celeste

Description des Globes.

toutes les Etoiles fixes qui sont visibles à la vûë simple, & les Constellations qui les comprennent, suivant les anciens Astronomes & les modernes, avec la route que quelques Cométes ont tenuë. On y voit aussi le lieu de toutes les Planetes au tems de la naissance de Louis le Grand.

Toute la peinture de ce Globe est bleuë, & les Etoiles & les principaux Cercles y sont de bronze dorée & en relief, pour leur donner plus d'éclat.

Son Eminence a fait graver dans un Cartouche sur une lame de cuivre doré, la Dédicace de ce Globe qu'il fait au Roy, en ces termes,

Description des Globes.

A L'AUGUSTE MAJESTE' DE LOUIS LE GRAND, L'INVINCIBLE, L'HEUREUX, LE SAGE, LE CONQUERANT.

CESAR CARDINAL D'ETRE'ES

A CONSACRE' CE GLOBE CELESTE, OÙ TOUTES LES ETOILES DU FIRMAMENT ET LES PLANETES SONT PLACE'ES AU LIEU MESME OÙ ELLES ETOIENT A LA NAISSANCE DE CE GLORIEUX MONARQUE, AFIN DE CONSERVER A L'ETERNITE' UNE IMAGE FIXE DE CETTE HEUREUSE DISPOSITION, SOUS LAQUELLE LA FRANCE A RECEU LE PLUS GRAND PRESENT QUE LE CIEL AIT JAMAIS FAIT A LA TERRE.

M. DC. LXXXIII.

Description des Globes.

On voit encore sur ce Globe en quelques endroits, des Cadres, où il y a des remarques sur les nouvelles Constellations, & sur l'obliquité de l'Ecliptique.

On a ajoûté sur la Ligne Ecliptique une coulisse, qui porte l'image du Soleil, de la grandeur dont il paroît étant vû de la Terre ; en sorte qu'on peut le placer dans tous les endroits du Firmament où il est dans le cours d'une année : ce qui est tres-commode pour reconnoître son mouvement, & pour voir comme il s'approche & s'éloigne des Etoiles fixes qui se rencontrent dans son chemin.

Ce Soleil mobile servira aussi pour faire entendre facilement pourquoy le Soleil vient plus haut à Midy dans un temps que dans un autre, ce qui est la cause des differentes Saisons.

Description des Globes.

Pour le Globe Terrestre, on en a peint toutes les Mers d'une couleur bleuë obscure, & les Terres y sont blanches pour faire paroître l'écriture plus distinctement.

Le Buste du Roy est placé au-dessus d'un Cartouche qui renferme la Dédicace ; la Victoire le couronne d'un côté, & la Renommée l'accompagne de l'autre. Les Sciences & les Arts sont autour de ce Cartouche, avec des Trophées d'Armes qui en font les ornemens.

Cette dedicace est comme au Globe Celeste, & dont voicy les termes,

Description des Globes.

A L'AUGUSTE MAJESTE'
DE LOUIS LE GRAND,
L'INVINCIBLE, L'HEUREUX,
LE SAGE, LE CONQUERANT.

CESAR CARDINAL D'ETRE'ES A CONSACRE' CE GLOBE TERRESTRE POUR RENDRE UN CONTINUEL HOMMAGE A SA GLOIRE ET A SES HEROÏQUES VERTUS, EN MONTRANT LES PAÏS OÙ MILLE GRANDES ACTIONS ONT ESTE' EXECUTE'ES ET PAR LUY-MESME ET PAR SES ORDRES, A L'E'TONNEMENT DE TANT DE NATIONS QU'IL AUROIT PÛ SOÛMETTRE A SON EMPIRE, SI SA MODERATION N'EUST ARRESTE' LE COURS DE SES CONQUE'TES, ET PRESCRIT DES BORNES A SA VALEUR, PLUS GRANDE ENCORE QUE SA FORTUNE.

M. DC. LXXXIII.

Description des Globes.

Il y a encore en plusieurs endroits de ce Globe d'autres Cartouches décorés de figures & d'ornemens qui conviennent au sujet des Inscriptions qui y sont, comme sur les sources du Nil, sur la pêche des Perles, sur les diverses manieres de vivre de quelques Peuples, & sur la nature des Vents qui régnent en quelques endroits de la Mer.

Les Méridiens sont divisés en dégrés : mais l'Horizon du Globe Celeste porte les dégrés des douze Signes, & vis-à-vis des dégrés on a marqué les jours des Mois qui leur répondent ; en sorte que le premier point du Bélier, où commence l'Equinoxe du Printems, se trouve au milieu du 21ᵉ Mars, qui est le Midy de ce jour-là ; car les jours y commencent à minuit, comme on les compte ordinairement. Et sur l'Horizon du Globe Terrestre, on a ajoûté aux dégrés les 32. Vents qu'on met toûjours sur cet Horizon.

EXPLICATION

EXPLICATION DU GLOBE CELESTE.

DU GLOBE EN GENERAL.

LE Globe Celeste repréfente toutes les Etoiles du Firmament dans la difpofition & l'ordre où elles font entr'elles. Elles font diftinguées par Conftellations, qui ne font qu'un amas d'Etoiles confideré fous une même figure, comme le Belier, le Taureau & les autres, ce qui donne une tres-grande facilité pour reconnoître toutes les Etoiles par les noms qu'on a donnés à chacune dans leurs Conftellations.

Hipparque a été le premier des Astronomes qui en a fait une distribution exacte, cent trente ans avant la Naissance de Jesus-Christ, & Ptolemée qui vint deux cens cinquante ans après Hipparque, nous a laissé le catalogue de toutes les Etoiles qui avoient été observées jusqu'alors, & que les Anciens avoient reduites en constellations. Hipparque s'étoit servi pour ses observations de tres grands instrumens qu'il avoit fait construire dans le portique de la Bibliotheque d'Alexandrie.

On trouve dans ce Catalogue le veritable lieu de toutes les étoiles du firmament, par rapport à des cercles qui sont marqués sur le Globe, & à deux points diametralement opposés qu'on appelle les Poles du monde. Ces points ou poles sont les extremités de l'axe ou aissieu, sur lequel tout le Globe semble tourner en 24. heures autour de la Terre avec tous les corps celestes, en allant d'Orient en Occident.

On diftingue les Etoiles en deux claffes, les unes font appellées *Fixes*, parce qu'elles gardent toûjours une même difpofition & arrangement les unes à l'égard des autres; les autres font appellées *Planetes* ou étoiles errantes, parce qu'elles changent continuellement de place, & qu'elles tiennent chacune des routes toutes differentes en paffant par les étoiles fixes. Celles-cy ne font point marquées fur les Globes, quoy que quelques-unes furpaffent en lumiere les étoiles fixes les plus claires, parce qu'elles n'y ont point de place arrêtée.

On marque fur les Globes quelques cercles qui fervent à placer toutes les étoiles fixes, & même le Soleil & la Lune & toutes les Planetes à chaque heure du jour; & ces cercles sont determinés dans le ciel, par rapport au mouvement de tous les corps celestes.

DES CERCLES DU GLOBE CELESTE.

IL y a sur le Globe quatre grands cercles qui le divisent chacun en deux parties égales. Le premier & le plus considerable de tous, est appellé *l'Equateur* ou *l'Equinoxial*, qui est partout également éloigné des deux Poles.

Le second est un grand cercle qui marque le chemin que le Soleil parcourt pendant une année entiere, ce cercle coupe obliquement l'Equateur, en sorte que dans un endroit il est plus proche d'un pole, & dans l'autre opposé il en est plus éloigné. On appelle ce cercle la *Ligne Ecliptique*, laquelle est au milieu du *Zodiaque* qu'on représente ordinairement sur les Spheres en forme d'une bande ou d'une ceinture. On luy a donné le nom de Ligne Ecliptique, parce que toutes les fois que la Lune se rencontre sur ce cercle ou fort proche, & qu'elle est nouvelle ou pleine, il arrive une Eclipse, c'est une eclipse de Soleil si la Lune est nouvelle, & de Lune si elle est pleine.

Il y a deux autres grands cercles qui sont représentés sur les Globes, quoy qu'ils ne soient pas d'un grand usage pour le mouvement des astres. Ils passent tous deux par les deux Poles, l'un est appellé le *Colure des Equinoxes*, à cause qu'il passe aussi par les points de rencontre du cercle Equinoxial & de l'Ecliptique, l'autre passe par les points où ces cercles sont les plus éloignés entr'eux, lesquels points sont appellés les *Solstices*, c'est-pourquoy ce cercle est appellé le *Colure des Solstices*.

Lorsque le Soleil en parcourant l'Ecliptique passe par l'Equinoxial ou l'Equateur, alors les jours sont égaux

aux nuits par toute la terre, & c'est-pourquoy on a donné le nom d'Equinoxial ou d'Equateur à ce cercle, & cette égalité de jour & de nuit doit s'entendre de l'espace du temps que le Soleil demeure sur l'horizon & sous l'horizon, qui est de 12. heures : car quoy-qu'on soit dans l'Equinoxe, le jour dure bien plus de 12. heures, à cause du *Crepuscule* qui est la clarté qui paroît long-temps avant que le Soleil se leve, & après qu'il est couché.

Il y a deux Equinoxes, l'un du Printemps & l'autre de l'Automne, qui arrivent à six mois l'un de l'autre, lors que le Soleil en parcourant l'écliptique dans le cours d'une année, rencontre l'équateur dans deux points opposés.

Le milieu entre les équinoxes tant vers le Septentrion que vers le Midy, sont les points des Solstices, parce que le Soleil étant vers ces points ne s'approche ou ne s'éloigne plus sensiblement des Poles, & qu'il paroît comme immobile à leur égard. On a les plus longs jours d'Eté quand le Soleil est arrivé au Solstice d'Eté, & les plus courts jours d'Hiver quand il est au Solstice d'Hiver.

L'un des Poles s'appelle le Pole *Boreal* ou *Arctique* ou *Septentrional*; & son opposé s'appelle le Pole *Austral*, ou *Antarctique* ou *Meridional*.

Le Pole Arctique prend son nom d'un mot grec qui signifie une Ourse, à cause que la constellation de l'Ourse en est proche; & on l'appelle Septentrional, parce que vers ce Pole il y a sept étoiles fort claires qui forment une espece de chariot. Le nom de Boreal a été donné aussi à ce Pole, à cause que les Latins appelloient le vent Borée, celuy qui venoit de cette partie-là du ciel. C'est ce pole Septentrional qui est seulement visible en ces païs-cy.

L'autre Pole s'appelle Meridional, parce que le Soleil est toûjours vers ce côté-là du ciel à Midy dans tous ces païs-cy. Le nom d'Antarctique est comme qui diroit opposé à l'Arctique ; enfin celuy d'Austral vient de celuy du vent *Auster*.

On marque encore sur le Globe quatre autres cercles, qui sont paralleles à l'Equateur. Il y en a deux qui passent par les points des Solstices d'un côté & d'autre de l'Equateur, & on les appelle les *Tropiques*, parce qu'il semble que le Soleil parcourre ces deux cercles, lors qu'il est le plus éloigné de l'Equateur, ou le plus élevé, ou le plus bas sur nôtre horizon à Midy.

Les deux autres cercles sont assez proche des Poles, & on les appelle les cercles *Polaires*, l'un le *Polaire Arctique*, & l'autre le *Polaire Antarctique*.

Ce sont-là tous les cercles qui sont ordinairement marqués sur le Globe, cependant on y fait quelquefois des
divisions

divisions qui y sont marquées par des cercles, lesquelles peuvent servir pour placer les étoiles & les planetes avec plus d'exactitude.

Mais outre tous ces cercles il y en a encore deux principaux, qui ont un usage tres-considerable pour représenter de quelle maniere le mouvement de tous ces corps celestes paroît de chaque lieu de la Terre.

Ces deux cercles servent à soûtenir le Globe dont il ne faut les imaginer éloignés, qu'autant qu'il est necessaire pour faire mouvoir ou tourner le Globe au dedans; car on les doit considerer côme s'ils touchoient immediatement le Globe, l'un de ces cercles s'appelle *l'Horizon*, & l'autre le *Meridien*.

L'Horizon est le seul cercle qui nous soit visible dans le ciel. Car c'est celuy qui separe la partie des astres qui nous sont visibles d'avec celle qui ne l'est pas. Son nom est tiré d'un mot grec qui signifie *terminer*, car il borne ou il termine l'étenduë de nôtre vûë dans le ciel.

Ce cercle est également éloigné de tous côtés de nôtre *Zenith*, qui est un point élevé au-dessus de nôtre tête jusques dans le firmament, & qui y est marqué par la rencontre d'une ligne menée du centre de la terre par nos piés ou par quelque lieu de sa surface. On voit de-là que chaque lieu de la surface de la terre ayant son Zenit particulier, doit aussi avoir son Horizon particulier.

Le Meridien est un cercle qui passe par les deux poles & par le Zenith d'un lieu de la surface de la terre. Car il faut toûjours s'imaginer que la terre est au milieu du Globe, & qu'elle n'est que comme un tres petit point par rapport à la surface du Globe.

Ces deux derniers cercles sont immobiles pour chaque lieu de la terre, pendant que le Globe tournant sur ses poles, represente toutes les differentes positions des corps celestes & leur mouvement, par rapport à ce lieu, tant dans le cours d'une année, que dans l'espace d'un jour.

Enfin il y a un petit cercle qui est attaché sur le Meridien & au dehors, lequel on appelle cercle *Horaire*, qui est divisé en 24. heures, les heures répondent à l'extremité d'une aiguille, qui est attachée & arrêtée immobile à l'extremité de l'axe.

Tous les cercles se divisent en 360. parties égales entr'elles qu'on appelle *Degrés*, & chaque degré en 60. parties qu'on appelle *Minutes*.

Mais on divise encore la ligne écliptique en 12. parties égales qu'on appelle Signes, & par consequent chaque signe a 30. degrés. On commence cette division de signes sur la ligne écliptique à l'un des points où elle rencontre l'équateur, & où elle commence à s'approcher du pole Septentrional. On compte ces signes en allant de l'Occident vers l'Orient, ce qu'on appelle *suivant l'ordre des signes*.

Le premier est le signe du Belier, & l'équinoxe du Printemps se fait quand le Soleil est au commencement de ce signe. Le deuxiéme celuy du Taureau, & le troisiéme celuy des Gemeaux, l'Ecrevisse commence au solstice où est le commencement de nôtre Eté, après suit le Lion & la Vierge. L'équinoxe d'Automne est au commencement du signe de la Balance, où le Soleil commence à passer vers le pole Meridional, comme dans les signes suivants qui sont le Scorpion & la Sagittaire. Mais au commencement du suivant qui est le Capricorne le Soleil est au plus bas dans le solstice d'Hiver; & enfin les deux derniers sont le Verseau & les Poissons.

Ces noms ont été donnés à ces signes, à cause des constellations qui avoient ces noms, & qui occupoient en partie tous ces signes, du temps des anciens Astronomes: mais à present ces constellations se sont avancées de prés d'un signe entier; en sorte que les constellations ne sont plus dans les signes de l'écliptique ou du Zodiaque qui porte leurs noms, lesquels ils ont retenu.

USAGE DES CERCLES DU GLOBE.

IL y a un tres grand nombe d'usages qu'on peut retirer des cercles du Globe; mais nous n'en marquerons icy que les principaux, qui font connoître le mouvement de tous les astres; & ce qu'on y remarque de plus considerable, comme sont les differentes saisons, les phases differentes de la Lune, les éclipses de Soleil & de Lune, les aspects des planetes, leurs stations, directions & retrogradations, avec quelques remarques sur le mouvement des cometes,

& sur celuy du Soleil, de la Lune, & des planetes autour de leur axe particulier.

Le cercle *Equinoxial* ou *Equateur* divise le Globe, ou toute l'étenduë du ciel, en deux parties égales entr'elles, dont celle qui est vers le Septentrion s'appelle la Septentrionale, & celle qui est vers le Midy s'appelle la Meridionale.

Ce cercle fait voir le milieu de la course annuelle du Soleil, & nous determine les équinoxes ; & c'est sur ce même cercle qu'on mesure le mouvement que le Soleil fait chaque jour, & chaque partie du jour qu'on divise en 24. heures, chaque heure se divise en 60. parties qu'on appelle minutes d'heure ou minutes simplement ; & chaque minute en 60. secondes, en sorte qu'il y a en un jour 1440. minutes, & 86400. secondes. Ces secondes sont à peu près determinées par les battemens du pouls d'un homme qui est en bonne santé ; mais on en mesure la durée fort exactement en attachant une balle de plomb à un fil de trois piés, 8. lignes ½ de longueur, depuis le point de suspension jusqu'au centre de la balle, en faisant faire un mouvement à la balle, sa suspension demeurant immobile ; car chaque allée ou venuë de la balle determine la durée d'une seconde de temps.

Ce que je dis du Soleil, se doit entendre de même de la Lune, de toutes les Planetes & generalement de tous les Astres, en sorte que l'Equateur montre si ces Astres sont Septentrionaux ou Meridionaux.

Le mouvement de toute la machine celeste est marqué par les degrés de l'équateur, & ce mouvement qu'on appelle du *premier mobile*, entraine generalement tous les corps celestes de la partie Orientale du ciel vers l'Occidentale. Ce mouvement est entierement opposé à celuy qui est propre à tous les corps celestes, qui est de l'Occident vers l'Orient ; mais comme ce mouvement propre est fort lent en comparaison de celuy du premier mobile, & qu'il est different dans les differents astres, on ne le reconnoît qu'en y faisant assez d'attention.

L'Ecliptique que l'on appelle aussi le Chemin Royal, est un cercle que le Soleil parcourt de son mouvement propre, pendant le cours d'une année entiere, en allant d'Occident vers l'Orient ; & comme ce cercle est oblique à l'équateur, c'est ce qui fait que le Soleil est plus proche de l'un des poles dans une saison, & plus proche de l'autre dans une autre. C'est le temps que le Soleil employe à parcourir ce cercle qui nous determine l'année, laquelle est de 365. jours, & un peu moins de 6. heures. C'est pourquoy on a été obligé dans le Calendrier d'ajouter un jour à la fin de 4. années, pour faire que le Soleil se
trouvât

trouvât au bout de 4. années, au même point du Ciel dans le même jour; car quatre fois six heures font un jour. Ce fut Jules Céſar qui ordonna l'addition de ce jour aux années communes ou Egyptiennes de 365. jours. On appelle ce jour le *Biſſexte*, & cette année la *Biſſextile*, à cauſe que l'on comptoit cette année-là deux fois le ſixiéme jour devant les Kalendes du mois de Mars, ſuivant la maniere des anciens Romains pour compter les jours du mois. Ce jour étoit le même que le 24ᵉ de Février de l'année commune. Mais comme on ne compte plus les jours des mois à la maniere des Romains, on donne ſeulement 29. jours au mois de Février de l'année Biſſextile, lequel n'en a que 28. dans les années communes.

Mais comme le cours du Soleil ne s'acheve pas en 365. jours 6. heures exactement, mais un peu moins de 6. heures, on a ordonné dans le Calendrier Gregorien que l'on ôteroit ou qu'on retrancheroit 3. Biffextes en 400. ans ; c'eft pourquoy l'année 1700. qui devoit être Biffextile, fuivant la réformation de Jules Céfar, ne l'a point été, & le mois de Février de cette année-là n'a été que de 28. jours à l'ordinaire.

La Lune & toutes les autres Planetes, qui font Saturne, Jupiter, Mars, Venus & Mercure ne s'écartent que peu de la ligne Ecliptique dans le chemin qu'ils font dans le ciel par leur mouvement propre, & ils coupent en deux endroits cette ligne en parcourant tout le ciel dans des tems ou periodes plus ou moins longues, à proportion qu'ils font plus ou moins éloignés du Soleil. Comme Saturne qui eft le plus éloigné de tous, fait fa révolution entiere autour du ciel en 29. ans & demy à peu près, Jupiter qui fuit après fait fa révolution en un peu moins de 12. ans ; &

Mars ensuite l'a fait en un an & plus de 11. mois. Venus fait la sienne en 224. jours & 18. heures ; & Mercure qui est le plus proche du Soleil acheve sa révolution en près de 88. jours. Le Soleil est comme le centre du mouvement de toutes ces Planetes.

Pour ce qui est de la Lune, elle fait le tour du ciel en 27. jours & près de 8. heures : mais comme on ne regarde le mouvement de la Lune que par rapport au Soleil, c'est-à-dire quand elle est nouvelle ou pleine, il lui faut encore quelques jours pour rejoindre le Soleil qui s'est avancé pendant ce tems ; c'est pourquoy d'une nouvelle Lune à une autre nouvelle Lune, elle employe 29. jours 12. heures & trois quarts à peu près. Ce mouvement de la Lune s'appelle *Synodique* ou de conjonction, & le premier *Periodique* ou de révolution.

Comme la Lune est fort proche de la Terre, on s'est attaché à examiner avec soin toutes les particularités de son mouvement. Les anciens Astronomes ont nommé le point où le chemin de la Lune coupe l'Ecliptique en s'élevant vers le Septentrion, la *Tête du Dragon*, & l'autre point opposé où elle passe vers la partie meridionale du ciel, la *Queuë du Dragon*. Dans toutes les autres Planetes où il y a de semblables points, on les nomme seulement les *Nœuds*, l'un *ascendant* quand la Planete s'éleve vers le pole Septentrional, & l'autre *descendant* quand elle passe vers le pole Meridional, l'un & l'autre par rapport à l'Ecliptique.

On divise les Signes de l'Ecliptique en Septentrionaux & en Meridionaux, & en *Ascendans* & *Descendans*. Les six Signes Septentrionaux sont le Bélier, le Taureau, les Gemeaux, l'Ecrevisse, le Lion & la Vierge, qui sont vers le Septentrion par rapport à l'Equateur ; & les six autres, à sçavoir la Balance, le Scorpion, le Sagittaire, le

Capricorne, le Verseau & les Poissons, qui sont vers le Midy, sont les Meridionaux.

Les Ascendans sont le Capricorne, le Verseau, les Poissons, le Bélier, le Taureau & les Gemeaux, dans lesquels le Soleil remonte du Solstice d'Hiver au Solstice d'Eté ; & les six autres, l'Ecrevisse, le Lion, la Vierge, la Balance, le Scorpion & le Sagittaire, sont les Descendans, où il descend du Solstice d'Eté au Solstice d'Hiver. Cette montée & cette descente n'est que par rapport à la plûpart des Peuples qui sont dans la partie Septentrionale du Globe, où le Soleil monte toûjours de plus en plus à midy sur l'Horizon, en allant du Solstice d'Hiver à celui d'Eté, & au contraire pour la descente.

La Lune est le corps celeste dans lequel on remarque plus sensiblement le mouvement propre d'Occident vers l'Orient, ou suivant l'ordre des Signes, pendant qu'elle ne laisse pas d'être emportée d'Orient vers l'Occident par le mouvement du premier mobile. Car comme elle fait en un jour par son mouvement propre ce que le Soleil ne fait qu'en 12. jours environ, on la peut voir à l'Occident d'une étoile vers le commencement de la nuit, & quelques heures après on voit qu'elle a passé à l'Orient de la même étoile. On la voit aussi assez souvent cacher des étoiles fixes en passant au-dessous, & ensuite les laisser paroître en s'en éloignant.

On méne un demi-cercle perpendiculaire à l'Ecliptique, & qui passe par le premier point du Bélier ; & c'est depuis ce cercle qu'on commence à compter la *Longitude* de tous les Astres en allant vers l'Orient, & elle se compte sur des cercles parallèles à l'Ecliptique.

Pour la *Latitude* des Astres, on commence à la compter à l'Ecliptique en allant vers le Septentrion & vers le Midy ; c'est pourquoy il y en a de Septentrionale & de Méridionale. On la compte sur des cercles qui sont tous perpendiculaires à l'Ecliptique , & qui passent tous par deux points sur le Globe, qu'on appelle les poles de l'Ecliptique ; & de ces poles jusqu'à l'Ecliptique, il y a par-tout un quart de cercle.

Le principal usage des Colures est de marquer les deux Equinoxes & les deux Solstices. On s'en sert aussi dans les Observations celestes, pour leur rapporter la position des Astres.

Les deux Tropiques renferment l'espace que le Soleil parcourt dans le tems d'une année ; leur usage principal est dans la Geographie & dans l'explication du Globe Terrestre, où nous en parlerons.

Les deux cercles Polaires sont aussi de même nature que les Tropiques.

L'Horizon est le terme d'où les

Astres commencent à paroître ou à se lever, & où ils se couchent.

C'est à ce cercle où l'on commence à compter la hauteur ou l'élévation des Astres en allant vers le Zenith.

Si l'on imagine un cercle paralléle à l'Horizon, & qui soit au-dessous de 18. degrés, il sera le terme des crépuscules. Car lorsque le Soleil touchera ce cercle en montant ou en descendant, on aura le commencement ou la fin du crépuscule. La durée du crépuscule n'est pas égale dans tous les tems de l'année, ni dans tous les païs; elle est généralement plus courte vers les Equinoxes que vers les Solstices, comme dans ce païs-ci aux Equinoxes elle n'est que d'une heure & un peu plus de trois quarts, & au Solstice d'Eté le crépuscule dure toute la nuit; mais au Solstice d'Hiver il est seulement de deux heures.

C'est sur l'Horizon qu'on marque

les

les principaux points du Ciel, le Septentrion, le Midy, l'Orient & l'Occident, lesquels sont éloignés les uns des autres de la quantité d'un quart de cercle ; mais nous en traiterons plus au long en parlant des Vents.

Le Méridien est le cercle dont on fait plus d'usage dans l'Astronomie, & pour la vie civile.

Ce cercle qui coupe perpendiculairement l'Horizon, nous marque la plus grande hauteur de tous les Astres ; car lorsqu'ils touchent le Méridien, ils sont au plus haut point d'élévation sur l'Horizon ; & ils sont alors au milieu de leur course visible sur l'Horizon depuis leur lever jusqu'à leur coucher.

On tire de la position des Astres dans le Méridien des connoissances tres-utiles pour la Navigation. Les Astronomes ont divisé les jours en *Naturels* & *Artificiels*. Ils appellent jour naturel l'espace du tems que le Soleil employe à revenir au cercle méridien depuis qu'il en est parti le jour precedent ; & le jour artificiel est le tems que le Soleil demeure sur l'Horizon.

Le Méridien divise donc tous les jours artificiels en deux parties égales entr'elles ; & c'est de là que ce cercle a tiré son nom. Il divise de même la durée de la nuit ; car le Soleil est toûjours dans le Méridien à midy & à minuit.

On sçait que les jours artificiels sont inégaux pendant le cours d'une année ; car à Paris en Eté le jour a 16. heures, en Hiver 8. heures seulement, & aux Equinoxes 12. par toute la Terre.

Mais aussi les jours naturels ne sont pas égaux entr'eux ; ils sont plus longs dans des tems, & dans d'autres plus courts : ce qui est causé par l'inégalité du mouvement du Soleil, & par l'obliquité de l'Ecliptique, par rapport au mouvement du premier mobile qui fait en partie la durée des jours. C'est pourquoy on est obligé de tems en tems de remettre les horloges à Pendule sur le vray lieu du Soleil, ou sur la vraye heure dont elles se sont écartées ; car le mouvement inégal du Soleil qui regle nos heures & nos jours, s'éloigne peu à peu du mouvement égal des Pendules, quand elles sont bien faites & bien justes.

La cause de l'inégalité des jours est aussi celle de l'inégalité des Saisons ; car elles devroient partager toute l'année en quatre parties égales, & être chacune de 91. jours 7. heures & demie à peu près. Cependant l'Hiver est de 89. jours 2. heures & plus ; le Printems de près de 93. jours ; l'Eté de près de 93. jours 13. heures ; & l'Automne de 89. jours 15. heures & plus ; & par conséquent le Printems & l'Eté ensemble sont près de 8. jours plus longs que l'Automne & l'Hiver ensemble.

Les Astronomes commencent à compter le jour à midy, quand le Soleil est au Méridien sur l'Horizon : mais les François & quelques Peuples de l'Europe le commencent aussi au Méridien, mais sous l'Horizon, c'est-à-dire à minuit.

Les Italiens commencent le jour au Soleil couchant, c'est-à-dire lorsque le Soleil touche l'Horizon dans la partie Occidentale du ciel. Les Babyloniens le commençoient au contraire quand le Soleil se levoit, ou quand il touchoit l'Horizon dans sa partie Orientale.

Les anciens Romains & d'autres Peuples, comme les Juifs, divisoient la durée du jour artificiel, ou le tems que le Soleil demeuroit sur l'Horizon, en 12. parties égales, qui étoient les heures ; en sorte qu'en Eté les heures étoient fort longues, & en Hiver elles étoient fort courtes. Ils comptoient toûjours 6. heures à midy.

La maniere de compter les heures comme on fait en France, m'a fait conjecturer que les premiers hommes qui ont habité ces païs-cy, étoient de la famille de ceux qui s'étoient appliqués les premiers à contempler le cours des Astres, puisqu'ils avoient preferé les heures Astronomiques aux Babyloniennes qui étoient en usage, & qui paroissoient les plus naturelles.

Le petit cercle horaire qui est attaché au-dessus du Méridien, a plusieurs usages assez considerables. On mesure facilement par son moyen le tems que chaque Astre demeure sur l'Horizon d'un lieu, & combien il en employe à monter de l'Horizon jusqu'au Méridien, & à descendre ensuite jusqu'à l'Horizon. Il montre aussi les longueurs des jours artificiels de toute l'année, suivant les differentes saisons.

Par exemple, si l'on sçait le lieu du Soleil sur l'Ecliptique, & qu'on mette ce lieu sous le Méridien, & à même tems l'aiguille du cercle horaire sur 12. heures ; si l'on fait alors tourner le Globe vers le Couchant, jusqu'à ce que le lieu du Soleil soit dans l'Horizon, l'aiguille du cercle horaire marquera l'heure où le Soleil se couche : & comme il employe autant de tems à monter de l'Horizon jusqu'au Méridien, qu'à descendre du Méridien jusqu'à l'Horizon, si l'on double le tems trouvé, on aura tout le tems entier que le Soleil demeure sur l'Horizon.

Mais si l'on met un Astre dans l'Horizon vers l'Orient, & l'aiguille sur 12. heures, & qu'on fasse mouvoir le Globe vers l'Occident, jusqu'à ce que l'Astre soit arrivé à l'Horizon, alors l'aiguille marquera le nombre des heures pendant lesquelles l'Astre paroît sur l'Horizon.

On doit remarquer que l'aiguille du cercle horaire parcourt toûjours autant de degrés de son cercle, qu'il en passe de l'Equateur sous le Méridien dans le mouvement du Globe.

DES ETOILES FIXES.

ON comptoit anciennement 60. Constellations qui renfermoient presque toutes les Etoiles fixes ; car il y en avoit quelques-unes qui n'avoient pû entrer dans les figures de ces Constellations, & on les nommoit pour cela *informes* ; mais les Astronomes modernes en ont fait de nouvelles Constellations.

On trouve dans les Globes ordinaires plus de 2000. Etoiles, qui sont celles qu'on peut voir facilement à la vûë simple dans un tems serein. Mais par le moyen des Lunettes d'approche on en voit une si grande quantité, qu'il seroit impossible de les compter. La Poussiniere, qu'on appelle autrement les Pleïades, ne paroiſſent à la vûë que 6. petites Etoiles jointes enſemble ; & cependant quand on les regarde avec une Lunette de 5. ou 6. piés de longueur, on en voit tres-diſtinctement plus de 70. Toute la Voye Lactée, ou cette trace claire qui environne tout le ciel & pluſieurs petits nuages blancs qu'on nomme *Etoiles nebuleuſes*, ne ſont que des amas d'une infinité d'Etoiles de differentes grandeurs, & dans des diſpoſitions differentes, comme celles qui nous paroiſſent les plus claires. On y remarque auſſi quelques Cométes perpetuelles, c'eſt-à-dire des Etoiles qui ont une lumiere qui les environne.

Nous avons déja dit qu'il y avoit 12. Conſtellations dans le Zodiaque, ou autour de la ligne Ecliptique, qui ſont le Bélier, le Taureau, les Gemeaux, l'Ecreviſſe, le Lion, la Vierge, la Balance, le Scorpion, le Sagittaire,

gittaire, le Capricorne, le Verseau, & les Poissons. On en mettoit 21. depuis l'Ecliptique vers le Pole Septentrional, qui sont la petite Ourse, la grand' Ourse, le gardien de l'Ourse, le Dragon, la Couronne d'Arianne, Hercule, la Lyre, le Cygne, Cephée, Cassiopée, Persée, Andromede, le Triangle, le Cocher, le Pégase, le petit Cheval, le Dauphin, la Fléche, l'Aigle, le Serpentaire, & le Serpent. Et vers le Pole Meridional, on en a mis 28. qui sont le Monstre marin ou la Baleine, l'Eridan, le Liévre, l'Orion, la Colombe, le grand Chien, le petit Chien, le Vaisseau des Argonautes, l'Hydre, la Coupe, le Corbeau, le Centaure, le Loup, l'Autel, la Couronne, le Poisson, le Phœnix, la Gruë, l'Indien, le Poisson volant, le Paon, l'Oiseau de Paradis, la Dorade, l'Hydre, le Toucan, le Triangle, la Mouche, & le Chameleon.

Les Astronomes modernes ont fait de nouvelles Constellations des Etoiles qui étoient restées entre les premieres, sans avoir pû entrer dans leurs figures, comme la Fleur-de-lys que nous avons mise entre le Bélier & Persée.

C'étoit une chose tout-à-fait arbitraire de faire les Constellations comme nous venons de les rapporter, & de leur donner les noms qu'elles ont; car l'usage même en a introduit de nouveaux dont on se sert quelquefois, comme le Chariot au lieu de la grande Ourse, la Poussiniere au lieu des Pleïades, les trois Rois au lieu de la Ceinture d'Orion, & de plusieurs autres : & c'étoit dans cette vûë qu'un célébre Astronome Allemand a fait une tres-belle description des Etoiles, qu'il a intitulée le *Ciel Chrétien*, où il a mis des figures des Saints, comme les douze Apôtres à la place des douze Signes du Zodiaque, l'Arche de Noé à la place du Navire des Argonautes ; & ainſi des autres.

Mais ce n'eſt pas le ſeul hazard qui a fait les Conſtellations, & qui leur a donné les noms qu'on leur donne encore à preſent. Les anciens Aſtronomes qui ont voulu immortaliſer leurs Princes & leurs actions, ſe ſont imaginé qu'ils ne le pouvoient faire avec plus d'éclat, ny d'une maniere plus durable, que d'en écrire (ſi l'on peut dire) l'hiſtoire ſur les Etoiles du Firmament. Ils ont tâché dans cette vûë de trouver quelque rapport entre la diſpoſition de quelques Etoiles & entre leur nombre qui convînt à quelque figure, comme les deux Etoiles des cornes du Bélier pour figurer Jupiter ſous la forme d'un Bélier ; celle de la tête du Taureau pour repréſenter le même Jupiter ſous la forme d'un Taureau pour ravir Europe, puis en Aigle pour enlever Ganimede. La Fable de Caliſto leur a

E ij

fourni la Conſtellation de l'Ourſe, Apollon & Hercule, ou Caſtor & Pollux, ſous le nom des Gemeaux, Cerés ſous celui de la Vierge, & les autres. D'autres y ont placé toute la famille entiere d'un Roy d'Ethiopie nommé Céphée, qui aimoit l'Aſtronomie ; ſa femme Caſſiopée, leur fille Andromede expoſée ſur un rocher pour être dévorée par un Monſtre marin par la jalouſie des Nymphes de la mer, ſa délivrance par Perſée ; la Chévre mere-nourrice de Jupiter, la Lyre d'Apollon, le fameux chaſſeur Orion avec ſon chien, le Vaiſſeau des Argonautes pour la conquête de la Toiſon d'or, & les autres.

Toutes les Etoiles en général ne demeurent pas dans la même place, par rapport aux Poles du Ciel ; car elles ont un mouvement propre & particulier comme tous les corps celeſtes de l'Occident vers l'Orient, outre le mouvement du premier mobile qui les emporte tous les jours autour de la terre. Ce mouvement propre des Etoiles fixes qui se fait suivant la ligne Ecliptique, ou sur ses Poles, doit faire un tour entier seulement en 25500. ans : ce qu'on connoît tres-certainement par la comparaison des anciennes observations avec les nôtres.

DU SYSTEME DE COPERNIC.

COPERNIC ayant renouvellé un des anciens Systemes du Monde, pose le Soleil immobile au centre de l'Univers. Quelques Philosophes modernes supposent que toutes les Etoiles ont un tourbillon d'une certaine matiere qui tourne autour d'elles, & qui emporte tous les corps qui peuvent être plongés dans cette matiere ; & ils considerent le Soleil comme une Etoile.

Si dans le Systeme des Tourbillons,

ce qui ne répugne point au Systéme de Copernic, nous supposons que la Terre soit une des Planetes du Tourbillon du Soleil, on aura bien plus de facilité pour expliquer le mouvement de tous les corps célestes, & de tous les accidens qui leur arrivent par les differentes positions où ils se trouvent les uns à l'égard des autres, que dans le Systéme ordinaire de Ptolemée, qui pose la Terre immobile au centre : mais aussi pour ce qui regarde seulement le Soleil & la Terre avec la Lune, le Systéme de Ptolemée en donne une idée bien plus nette que celui de Copernic.

Il y a autour de quelques Planetes d'autres Planetes qu'on appelle *Planetes Secondes*, & qu'on peut considerer comme des Lunes par rapport à celle qui tourne autour de la Terre. Saturne en a cinq ; & outre ces Lunes, il y a encore un grand anneau plat & fort mince qui environne toute la Planete qui est sphérique, & cet anneau est éloigné du corps de la Planete, d'une distance assez considerable. Ces Planetes Secondes, ou ces Lunes de Saturne, font leurs révolutions en differens tems ; mais on ne les peut voir qu'avec d'assez grandes Lunettes. Ces Lunes de Saturne ont été découvertes par les Astronomes de l'Académie Royale des Sciences, & elles ont été consacrées à la mémoire de Louis le Grand par une Médaille qui en a été frappée.

Jupiter a quatre Lunes qu'on a appellées *Satellites*, lesquelles font leurs révolutions en des tems differens les unes des autres. On remarque aussi sur le corps sphérique de cette Planete des bandes d'une couleur grise, & quelques taches de la même couleur, qui font connoître que cette Planete tourne autour de son axe d'un mouvement particulier en 10. heures ou environ.

On n'a point remarqué de Lune autour de Mars; mais il y a sur son corps quelques taches qui nous font voir qu'il tourne autour de lui-même sur son axe dans l'espace de 24. heures à peu près.

Pour la Terre, si on la considere comme une Planete, elle n'a qu'une seule Lune, qui nous paroît fort grande, à cause qu'elle est fort proche de nous.

La Planete de Venus a quelques taches sur son corps sphérique; mais ce qui est de plus remarquable, c'est qu'on la peut voir presque toûjours, & même à la vûë simple, & en plein midy, quoi-qu'elle soit quelquefois tres-proche du Soleil. On la voit avec les mêmes phases que la Lune, tantôt pleine, tantôt en quartier, puis en croissant; & quelquefois aussi on peut la comparer à la Lune, en la considerant avec des Lunettes d'approche, par le moyen desquelles elle

paroît

paroît beaucoup plus grande que la Lune à la vûë simple.

Mercure ne s'éloigne que peu du Soleil ; & quoi-qu'il lui arrive la même chose qu'à Venus, il n'est pas aisé d'en faire des observations exactes, à cause de sa grande clarté, & de la petitesse de son corps.

On voit ces deux dernieres Planetes Venus & Mercure qui passent quelquefois au-devant du corps du Soleil à nôtre égard, & elles paroissent sur le Soleil comme de petites taches noires qui traversent son disque apparent en peu d'heures ; mais ces accidens sont fort rares.

Toutes les Planetes sont de figure sphérique, & ne sont éclairées que du Soleil : mais comme il n'en peut éclairer que la moitié, il arrive que cette partie éclairée étant tournée en differentes manieres vers la terre dans les deux Planetes de Venus & de Mercure, elles paroissent tantôt tout-à-fait éclairées, tantôt à moitié, & tantôt en Croissant tres-délié, comme nous le remarquons à la Lune.

Pour le Soleil, on voit assez souvent sur sa partie lumineuse des taches noires de differentes figures, & par pelotons & amas, avec quelques petits nuages & des espaces plus clairs que le reste du Soleil ; ces taches changent continuellement de forme, & ne durent pour l'ordinaire qu'un mois ou deux. On connoît par les observations que ces corps obscurs sont sur le corps lumineux du Soleil, & que le Soleil tourne sur son axe dans l'espace de 27. jours & demi à peu près.

Il est tres-facile dans le Systéme de Copernic de rendre raison des Stations, Directions & Rétrogradations des Planetes, qui ne sont que des apparences causées par le mouvement propre de la Terre ; car les Planetes vont toûjours de leur propre mouvement selon l'ordre des Signes ; &

la Terre qui va aussi du même côté, mais d'une differente vîtesse, fait qu'on les voit tantôt comme immobiles, tantôt aller fort vîte selon leur direction naturelle, & tantôt d'un mouvement contraire qu'on appelle rétrograde.

Pour les distances de tous les Astres, les Etoiles fixes sont infiniment plus éloignées de la Terre que le Soleil, & il n'y a nulle comparaison entre la grosseur de toute la Terre & la distance où elle est du Soleil. Pour la Lune, on peut dire qu'elle est tres-proche de la Terre par rapport au Soleil, quoy qu'on sçache assez bien qu'elle en est éloignée de plus de quatre-vingts mille lieuës.

DES ECLIPSES.

IL n'y a point de Phénomene dans la nature qui ait plus attiré l'admiration des premiers hommes, que les Eclipses de Soleil & de Lune. Ils voyoient tous les jours le Soleil aller d'un mouvement reglé, & la Lune passer chaque mois par toutes ses phases differentes ; mais ils ne pouvoient encore appercevoir pourquoy dans un tems fort serein le Soleil perdoit quelquefois plus ou moins de sa lumiere, & que la Lune souffroit aussi les mêmes accidens étant pleine, & même quelquefois se cachoit entierement, ou ne paroissoit plus ensuite que d'une couleur rouge & sombre. L'inégalité du retour des Eclipses tant de Soleil que de Lune, & leurs grandeurs differentes, renouvelloient à chaque fois leur étonnement.

Mais si ces accidens de ces corps lumineux ne nous causent à present aucune surprise, parce que nous avons découvert que ce ne sont que des suites tres-naturelles de leurs mouvemens, nous ne devons pas être touchés d'une moindre admiration quand nous considerons que les hommes ont mesuré avec tant de justesse les mouvemens de ces corps, qu'ils ne manquent jamais de prédire exactement le tems que les Eclipses doivent arriver avec leur grandeur ; & ils font ces prédictions non-seulement pour les siécles à venir, mais ils réprésentent aussi celles qui sont passées en remontant jusqu'au commencement du Monde.

C'est principalement sur les Eclipses que toute la certitude de la Chronologie ou de l'histoire des tems, est établie ; car les differentes manieres de compter les années, les saisons & les Epoques differentes de la plûpart des Nations, laissent tres-souvent une ambiguité dans l'histoire, laquelle ne peut être éclaircie que par une Eclipse arrivée dans ce tems-là, dont on aura marqué quelque circonstance ; & l'on remonte exactement au jour où le fait historique sera arrivé, en le déterminant par rapport à

F iij

nôtre maniere de compter les années, par le moyen du calcul des Eclipses.

Si l'on tire de grandes utilités de la perfection de l'Astronomie, on en est entierement redevable à l'établissement que le Roy a bien voulu faire de l'Académie des Sciences, & au superbe Bâtiment de l'Observatoire, d'où l'on entretient une correspondance d'observations tant avec les Astronomes que Sa Majesté a envoyés par toute la Terre, qu'avec les Etrangers.

Ce n'est pas une simple curiosité qui a engagé les premiers hommes à s'appliquer aux observations célestes : car aussi-tôt qu'ils eurent entrepris de faire des voyages sur mer, & qu'ils se furent hazardés de perdre la terre de vûë pendant plusieurs jours, ils reconnurent qu'il falloit avoir recours aux Astres pour se conduire, & qu'ils seroient d'autant plus asseurés de leur route, qu'ils auroient une connoissance plus juste du mouvement du Soleil & des Etoiles.

Ce n'étoit pas une connoissance qui fût seulement nécessaire pour la conduite des Vaisseaux sur mer, il falloit encore avoir une exacte position des côtes & des lieux où l'on vouloit aller ; ce qui n'étoit pas possible non plus sans le secours de l'Astronomie : & c'est seulement par le moyen des Eclipses qu'on peut avoir une description exacte de tout le Globe Terrestre ; car l'estime des Voyageurs & des Pilotes est trop incertaine, & surtout dans de grandes distances, pour y faire quelque fondement.

Il y a de deux sortes d'Eclipses, les unes de Lune, & les autres de Soleil. Les Eclipses de Lune sont causées par l'ombre de la Terre ; car toutes les fois que la Lune est pleine ou opposée au Soleil, quand elle se trouve dans l'ombre de la Terre, elle perd sa lumiere qu'elle ne tire que du Soleil, ou tout-à-fait, ou en partie, suivant qu'elle entre plus ou moins dans l'ombre. On divise tout le diametre de la Lune en 12. parties qu'on appelle *Doits*, & l'on mesure avec ces doits la quantité de l'Eclipse, c'està-dire de quelle quantité la Lune est enfoncée dans l'ombre.

Outre ces doits éclipsés, il y a deux autres points principaux que l'on observe ordinairement dans les Eclipses de Lune, parce qu'ils sont plus sensibles que les autres ; ce sont l'*Immersion* totale de la Lune dans l'ombre de la Terre, qui est le moment où elle perd toute sa lumiere ; & l'*Emersion*, qui est le moment où elle commence à sortir de l'ombre.

Les Satellites, ou les Lunes de Jupiter, souffrent de semblables Eclipses que nôtre Lune, en rencontrant l'ombre du corps de Jupiter : mais parce que ces Satellites ne nous paroissent que comme de mediocres

Etoiles,

les, en les regardant même avec de grandes Lunettes d'approche, nous ne pouvons en remarquer bien distinctement que l'Immersion & l'Emersion.

Mais comme entre les quatre Satellites de Jupiter, celui qui en est le plus proche qu'on appelle le premier, tourne autour de Jupiter en un jour & trois quarts, & que la Lune ne tourne autour de la Terre qu'en un mois, on peut juger tres-exactement du tems de cette Immersion ou Emersion, à cause qu'elle se fait plus subitement que celle de la Lune.

Les Eclipses de Soleil se font dans la nouvelle Lune, lorsque la Lune passe entre la Terre & le Soleil, & qu'elle nous en cache une partie : on mesure aussi la grandeur des Eclipses de Soleil par les doits du diametre du Soleil.

Il y a cette difference entre les Eclipses de Lune & celles de Soleil,

G

que celles-ci dépendent des differens lieux de la Terre d'où l'on voit l'Eclipse : car comme la Lune est fort proche de la Terre, & fort éloignée du Soleil, elle peut cacher une partie du Soleil à ceux qui seront en un lieu de la Terre, & elle ne le cachera point à ceux qui seront en un autre endroit. Il n'en est pas de même des Eclipses de Lune ; car comme c'est une privation de lumiere qui arrive au corps même de la Lune, elle paroît éclipsée de la même quantité & de la même maniere de tous les lieux de la Terre d'où on la peut voir.

Il doit arriver assez souvent que le Soleil paroît entierement caché par le corps de la Lune, ou qu'on ne voit qu'un cercle lumineux autour du Soleil : mais comme c'est un accident qui ne paroît qu'en quelques endroits de la Terre, & qui ne dure que tres-peu de tems, il est tres-rare qu'on en fasse des observations.

DE L'UTILITÉ DES ECLIPSES
pour mesurer la distance des lieux sur la Terre.

SI l'on compte les heures depuis que le Soleil passe par le Méridien, soit sur l'Horizon ou sous l'Horizon, il est certain que ceux qui auront differens Méridiens compteront plus ou moins d'heures dans un même instant. Car le Soleil vient au Méridien des lieux qui sont plus Orientaux, plûtôt qu'au Méridien de ceux qui sont plus Occidentaux, comme le Soleil vient au Méridien à Pekin capitale de la Chine, plûtôt qu'à Paris de 7. heures 38. minutes ; en sorte que, par exemple, lorsqu'il est 3. heures après midi à Pekin, il n'est encore que 7. heures 22. minutes du matin à Paris. De même à Kebec en Canada qui est plus Occidental que Paris, le Soleil n'y vient au Méridien que 4. heures 50. minutes, après qu'il a été au Méridien de Paris ; ainsi il sera à Paris 2. heures 30. minutes, lorsqu'il n'est encore à Kebec que 9. heures 40. minutes du matin.

Mais chacun réglant ses horloges sur le mouvement du Soleil, par rapport à son propre Méridien, il ne faudroit que sçavoir l'heure qu'il est en des lieux differens dans un même instant, pour déterminer la difference ou l'éloignement de ces lieux l'un à l'égard de l'autre, suivant le mouvement du premier mobile.

C'est cette connoissance qu'on tire de l'observation des Eclipses. Car si deux Observateurs dans des lieux differens ont observé quelque point ou phase d'une Eclipse de Lune, ou des Satellites de Jupiter, comme le commencement, ou l'Immersion totale dans l'ombre, ou quelqu'autre, ce qui est comme un signal qui se fait dans le Ciel ; & que l'un de ces Observateurs ait trouvé qu'il étoit alors 11. heures du soir d'un certain jour, mais que l'autre ait trouvé qu'il étoit 2. heures du matin du jour suivant ; on conclura que dans les lieux où étoient ces Observateurs on compte 3. heures de difference, & que le Soleil passe au Méridien de celui qui a compté plus de tems, 3. heures plûtôt qu'au Méridien de celui qui a compté moins de tems.

Mais comme le Soleil est emporté par le premier mobile autour de la Terre en 24. heures, il doit parcourir 15. degrés dans chaque heure ; & par conséquent les 3. heures de difference des lieux dont nous parlons, répondent à 45. degrés de difference entre l'un & l'autre. Mais cette distance est celle qu'on appelle de *Longitude*, comme on le verra en expliquant le Globe Terrestre.

DES COMETES.

IL y a de deux sortes de Cométes ; les unes paroissent comme des

Etoiles fort brillantes, & ne changent point de place entre les Etoiles fixes où elles ont parû d'abord, & dans la suite elles diminuent peu-à-peu, & enfin elles se dissipent entierement ; mais on n'a jamais observé que tres-peu de ces sortes de Cométes. Les autres paroissent tantôt avec une lumiere qui les environne, & c'est ce qui les a fait appeller Cométes, comme qui diroit *Cheveluës*, & tantôt avec un rayon lumineux qu'on appelle *Queuë*. On en voit quelquefois de tres-grandes, & celles-là sont assez rares. Mais depuis qu'on s'applique avec soin à considerer les Astres, on en découvre fort souvent de petites, qui ne laissent pas, quoi que petites, d'être entierement semblables aux plus grandes.

On marque ordinairement les Cométes sur les Globes Celestes, avec le chemin qu'elles ont fait sur les Etoiles fixes dans le tems qu'elles ont parû.

On appelle la *Tête* de la Cométe une Etoile nébuleuse, d'où sort la lumiere qui les accompagne ou tout autour, ou d'un seul côté.

Elles ont pour l'ordinaire un mouvement particulier qu'on remarque sur les Etoiles fixes, qui est dans quelques-unes plus promt, & dans d'autres plus lent ; mais il devient toûjours plus lent à mesure que la Cométe diminuë de grandeur. Ce mouvement leur est propre ; car elles ne laissent pas d'être emportées d'Orient en Occident tous les jours par le premier mobile.

Leur mouvement propre se fait par des lignes qui paroissent tantôt droites, tantôt courbes, ou en partie droites & courbes, & elles ont la plûpart des routes fort differentes.

Toutes les observations qu'on a faites des Cométes font connoître qu'elles sont fort élevées, & c'est en quoy on les distingue de ces Meteores de feu qui paroissent quelquefois dans la basse région de l'air.

Il y a beaucoup d'apparence que la grande lumiere qui accompagne les Cométes, & qu'on appelle chevelure ou queuë, dépend, ou a beaucoup de rapport au Soleil ; car cette lumiere s'étend toûjours à l'opposite du Soleil : & quand la Cométe est opposée directement au Soleil, alors la lumiere est autour de la tête.

EXPLICATION

EXPLICATION
DU
GLOBE TERRESTRE.

 L étoit à propos de commencer l'Explication des Globes par le Celeste, à cause que celle du Terrestre en dépend presqu'entierement ; les Cercles & les Poles qui sont sur ce Globe étant les mêmes que ceux du Celeste, & son usage étant assez facile après qu'on a bien entendu celui du Celeste.

On remarquera que quoi-que ce Globe Terrestre ait un mouvement sur son axe, ce n'est pas qu'on veuille asseurer que la Terre tourne ; mais c'est seulement pour la poser dans toutes ses situations differentes, par rapport à l'Horizon & au Méridien qui sont ici immobiles, & qui doivent servir pour chaque lieu en particulier.

DES CERCLES ET DES POLES du Globe Terrestre.

LE Globe Terrestre représente la Terre comme elle est, laquelle est soûtenuë au milieu de l'air, dont elle est environnée de tous côtés. Cet air qui environne la Terre, & qui n'a de hauteur que 10. lieuës à peu près, s'appelle l'*Atmosphere*.

On connoît que la Terre est sphérique par toutes les observations qu'on a faites en differens endroits de sa superficie, mais plus sensiblement par l'ombre qu'elle fait sur le corps de la Lune dans les Eclipses.

On marque sur ce Globe un axe & plusieurs Cercles semblables à ceux qui sont marqués sur le Globe Cele-

du Globe Terrestre.

ste, lesquels font connoître les varietés des jours & des saisons pour les differens lieux de la Terre, suivant qu'ils sont placés par rapport à ces Cercles.

Les Cercles & les Poles du Globe Terrestre sont immediatement au-dessous de ceux qui sont sur le Globe Celeste, ou qu'on imagine dans le Firmament; en sorte que si l'on étoit au centre du Globe Terrestre, les Cercles de ce Globe cacheroient ceux du Globe Celeste, & ce seroit la même chose des Poles.

C'est-pourquoy les Cercles du Globe Terrestre ont été nommés des mêmes noms que ceux du Globe Celeste qui leur répondent, & les Poles aussi de même, dont l'un s'appelle le Septentrional, & l'autre le Méridional.

Le principal de tous les Cercles du Globe Terrestre est l'*Equateur* ou l'*Equinoxial*, qu'on appelle ordinairement sur mer *la Ligne*.

On marque des deux côtés de l'Equateur des Cercles qui lui sont parallèles, & qui montent jusqu'aux deux Poles. Les Tropiques sont deux de ces Cercles, lesquels sont chacun éloignés de l'Equateur de 23. degrés & 29. minutes. Les deux Polaires en sont aussi, & sont éloignés des Poles de la même quantité de degrés & minutes.

On marque aussi entre les deux Tropiques la ligne Ecliptique qui y est placée de biais.

On trace enfin sur ce Globe plusieurs Cercles qui passent par les deux Poles, & qui coupent l'Equateur à angles droits ; on les appelle des *Méridiens* ou *Cercles Horaires*. On en marque ordinairement 18. entiers sur tout le Globe, ou bien 36. demi ; & alors ils passent de 10. en 10. degrés sur l'Equateur, car on les met rarement de 5. en 5. degrés pour éviter la confusion : mais il faut imaginer qu'il y en a par tous les degrés & minutes, & même par tous les points de l'Equateur, pour les usages dont on parlera dans la suite.

Entre tous ces Méridiens il y en a un qu'on regarde comme le premier de tous, & qui sert pour déterminer la position de tous les lieux de la Terre. Ce demi-cercle ou *premier Méridien*, suivant les anciens Geographes, passoit par Cadis, comme la terre la plus éloignée vers le Couchant ; on l'a placé ensuite aux Açores : mais enfin le Roy Louis LE JUSTE ordonna en 1634. qu'on prendroit pour premier Méridien celui qui passe par le milieu de la petite *Isle de Fer*, qui est la plus Occidentale des Canaries.

On met aussi au Globe Terrestre un Méridien extérieur, & un Horizon, comme au Globe Celeste. Le Méridien doit toûjours être consideré par rapport à un lieu particulier de la Terre, qui doit être placé sous ce Méridien, & l'Horizon doit être aussi placé par rapport à ce même lieu ; en sorte qu'il soit éloigné de ce lieu de tous côtés de 90. degrés, ou d'un quart de Cercle.

Ces deux Cercles servent à soûtenir le Globe dans quelle position l'on veut à l'égard des Poles, & pour en tirer les usages que nous verrons dans la suite.

Il y a enfin sur l'extérieur du Méridien un petit Cercle qu'on appelle *Horaire*, comme au Globe Celeste, & dont la grandeur n'est point déterminée, lequel a son centre dans l'axe du Globe, & qui porte une aiguille dont la pointe se termine au Cercle. Ce Cercle est divisé en deux fois 12. heures, suivant nôtre maniere de compter les heures.

DE L'USAGE DES CERCLES du Globe Terrestre.

L'Equateur ou la *Ligne* nous fait voir quels sont tous les Peuples qui y sont placés, lesquels ont pendant toute l'année les jours artificiels égaux aux nuits. Dans les deux tems des Equinoxes, le Soleil monte à midy au-dessus de leur tête. Dans les autres tems de l'année, le Soleil y est à midy vers le Septentrion pendant six mois, & vers le Midy pendant les six autres mois.

L'Ecliptique qui est marquée sur le Globe Terrestre, & qui coupe en deux endroits l'Equateur, sert à faire connoître quels sont les Peuples qui ont le Soleil à midy à leur Zenith ou sur leur tête chaque jour de l'année. Car si l'on place le Soleil sur l'Ecliptique dans le degré où il est chaque jour, on verra la distance de ce lieu jusqu'à l'Equateur, & tous les Peuples qui feront à une pareille diſtance de l'Equateur auront tous le Soleil à leur Zenith ce jour-là ; car le Soleil parcourt chaque jour une ligne à peu près paralléle à l'Equateur par le mouvement du premier mobile, qui l'emporte autour de la Terre d'Orient en Occident.

On voit auſſi que le Soleil étant vers les Equinoxes, c'eſt-à-dire lorſqu'il eſt proche de l'Equateur, il s'écarte bien plus vîte de l'Equateur chaque jour, que lorſqu'il eſt vers les Solſtices, où ſont marqués les deux Tropiques ; car dans ces tems-là il demeure ſenſiblement pendant quelque tems à la même diſtance de l'Equateur.

DES ZONES.

CE ſont les deux Tropiques & les deux Cercles Polaires qui diviſent toute la ſurface de la Terre en cinq parties qu'on appelle *Zones* ou Bandes.

Bandes. Celle qui est renfermée entre les deux Tropiques, & qui a dans son milieu le Cercle Equinoxial ou l'Equateur, est appellée la *Zone Torride* ou *Brûlante*, parce que les Anciens croyoient qu'il y faisoit une si grande chaleur, qu'il étoit impossible d'y habiter, à cause que le Soleil passoit à Midy deux fois l'année au-dessus de la tête ou au Zénith de ses habitans, & qu'il ne s'en écartoit que peu d'un côté & d'autre dans les autres tems : mais on a connu par experience qu'elle n'est pas moins peuplée que celles où la chaleur est moderée : car si le Soleil échauffe tres-fort la Terre pendant le jour, la nuit y est en récompense assez froide & humide pour temperer cette chaleur, parce qu'on y est alors dans le milieu de l'ombre de la Terre. Il est vrai qu'on ne connoît point la glace dans ce païs-là, & que la nége y est fort rare, si ce n'est sur quelques montagnes fort élevées.

Il y a deux Zones de chaque côté de la Zone Torride, lesquelles sont renfermées entre les Tropiques & les Polaires, l'une vers le Septentrion, & l'autre vers le Midy. On les appelle les *Zones Temperées*, parce que le Soleil ne venant jamais jusqu'au Zenith ou sur la tête des habitans de ces Zones, même dans les plus grands jours d'Eté, la chaleur y doit être moins grande que dans la Zone Torride. Cependant ceux qui sont dans ces Zones Temperées, & proche des Tropiques, ressentent dans leur Eté des chaleurs bien plus grandes que dans le milieu de la Zone Torride, à cause que le Soleil demeure 13. heures & demie sur leur Horizon en Eté, & pendant plusieurs jours de suite.

Les Peuples qui habitent les Zones Temperées ne voyent jamais le Soleil à midy que d'un même côté, & ils ont un Eté & un Hiver qui est marqué par le tems où le Soleil est plus proche ou plus éloigné de leur Zenith : ce qui est different des Peuples de la Zone Torride, qui ont chaque année deux Etés & deux Hivers ; car le Printems & l'Automne des Zones Temperées deviennent les deux Etés de la Zone Torride.

Les deux parties qui restent du Globe, & qui sont renfermées par les Cercles Polaires, ne sont pas proprement des Zones, mais seulement des figures circulaires, & qui ont les Poles dans leur centre. On les appelle pourtant les *Zones froides* ou *glacées*, parce qu'il fait ordinairement tres-froid en ce païs-là.

Ceux qui habitent les Zones froides voyent en Eté le Soleil pendant un ou plusieurs jours de suite sans qu'il se couche, car il est encore élevé sur leur Horizon à minuit ; & ceux qui sont sous le Pole le voyent pendant six mois qui tourne autour de leur Horizon, en s'élevant peu-à-peu pendant trois mois jusqu'au Solstice où il est élevé sur leur Horizon de 23. à 24. degrés ; & pendant les six autres mois il passe sous l'Horizon sans se lever.

Il y a quelques années que le Roy de Suéde eut la curiosité de voir ce phénoméne du Soleil ; & pour cet effet, il alla à *Torneo* qui est une Ville de son Royaume vers le Nord, & fort proche du Cercle Polaire, où il observa au Solstice d'Eté que le Soleil étoit encore sur l'Horizon à minuit.

Ces Païs sembleroient inhabitables par rapport à la vie des hommes, qui demande un repos considerable pendant chaque jour ; ce qui convient aux jours & aux nuits des autres Païs, & la nuit étant naturellement le veritable tems du repos. Et la grande quantité des néges & des glaces qui couvrent la Terre pendant plus de dix mois de l'année, sembleroit la rendre stérile, si la Nature n'y avoit suffisamment pourveu ; car les semences & la récolte des grains s'y fait en six semaines environ que la Terre est dégelée & dessechée. Les bois y sont en grande quantité, & tres-propres pour la construction des Vaisseaux.

Enfin ce qui devroit faire des déserts de ces Païs-là pendant l'Hiver, où les Lacs & les Rivieres qui y sont en grande quantité, & même les Mers sont toutes gelées, les rend au contraire fort frequentés par le grand commerce qu'on y fait dans cette saison ; car les Peuples transportent toutes leurs marchandises sur des traineaux qui glissent sur la glace, & qui sont tirés par des espéces de cerfs qu'on appelle Reines, qui courent d'une tres-grande vîtesse, & qui ne sçauroient vivre hors de ce climat. Il n'y auroit que l'incommodité d'une nuit de tres-longue durée qui pourroit les empêcher, car c'eſt dans ces tems-là qu'ils ne voyent point le Soleil, ſi la nature de l'air de ces Païs-là, qui eſt tres-different de celui-ci, ne faiſoit durer le Crépuſcule fort long-tems, lequel étant fortifié par la clarté de la Lune qui demeure alors preſque toûjours ſur leur Horizon, leur donne un jour aſſez grand pour tous les uſages de la vie, même au plus fort de leur Hiver.

Cependant les Peuples qui vivent ſous les Poles ne ſont point connus, & ſuivant toutes les apparences il y a peu de terres, & ceux qui les habitent ſe retirent dans des cavernes ſous des montagnes de nége, où ils paſſent la plus grande partie de l'année : ils ne laiſſent pas pourtant de retirer de la terre pendant l'Eté aſſez de fruits pour leur nourriture ; mais il eſt impoſſible aux Vaiſſeaux d'y aller, car la Mer qui demeure glacée trop long-tems ne leur permet pas de faire ces voyages.

On a été assez proche du Pole Septentrional ; mais on n'a rien découvert de toutes les terres qui peuvent être dans la Zone froide du côté du Pole Méridional.

DES CLIMATS.

Les Anciens divisoient la Terre par Climats. Ces Climats n'étoient que de petites Zones ou espaces de la Terre renfermés entre des Cercles parallèles à l'Equateur, dans lesquels les plus longs jours d'Eté augmentoient d'une demi-heure les uns au-dessus des autres ; comme le premier Climat étoit depuis l'Equateur jusqu'au Cercle parallèle à l'Equateur qui passe par l'Isle de Ceylan dans l'Asie, où les plus longs jours d'Eté sont de 12. heures & demie. Le second Climat finissoit au parallèle qui passe par les Isles du

Cap vert, où le plus long jour d'Eté est de 13. heures ; & ainsi des autres, où l'on trouve que Rome est à la fin du sixiéme, dont le plus long jour d'Eté est de 15. heures ; & Paris à la fin du huitiéme, où le plus long jour d'Eté est de 16. heures ; & la fin du 24ᵉ est sous le Cercle Polaire, où le plus long jour d'Eté est de 24. heures.

On peut considerer de deux sortes de Climats, dont les uns vont depuis l'Equateur vers le Pole Septentrional, & les autres vers le Pole Méridional.

DE LA LATITUDE.

L'UN des principaux usages des Cercles parallèles à l'Equateur, est de déterminer la Latitude des lieux sur la Terre ; car on entend par Latitude d'un lieu la distance de ce lieu jusqu'à l'Equateur, laquelle se mesure par dégrés. Ces dégrés se
comptent

comptent fur le Cercle Méridien ou horaire qui paſſe par le lieu en allant depuis l'Equateur vers le Pole : & par-conſequent il y a de deux ſortes de Latitude, l'une Septentrionale, & l'autre Méridionale. La Latitude d'un lieu eſt Septentrionale, quand ce lieu eſt dans la partie du Globe depuis l'Equateur vers le Pole Septentrional ; & elle eſt Méridionale de l'autre côté.

Tous les lieux de la Terre qui font fur un même Cercle parallele à l'Equateur, ont tous une même Latitude ; car ils font tous également éloignés de l'Equateur.

La Latitude d'un lieu eſt toûjours égale à la hauteur du Pole de ce lieu ſur l'Horizon : par exemple, la hauteur du Pole de Paris à l'Obſervatoire Royal eſt de 48. dégrés 50. minutes ; & c'eſt auſſi ſa Latitude, comme on la marque ſur les Cartes.

On trouve la Latitude d'un lieu

par les observations du Soleil ou des Étoiles, lorsqu'elles sont au plus haut point où elles peuvent s'élever sur l'Horizon de ce lieu. On appelle cette hauteur, la *hauteur méridienne* d'un Astre, c'est-à-dire sa hauteur dans le Méridien.

Les instrumens qui servent pour ces observations sont les quarts de Cercles, les Astrolabes, les Arbalestriles ou le Bâton de Jacob, lesquels sont tous connus des Astronomes & des Pilotes ; car il y en a quelques-uns qui sont plus propres pour la Mer que pour la Terre. Les seules observations des hauteurs des Astres dans le Méridien ne suffiroient pas, si l'Astronomie ne fournissoit des Tables des lieux de ces Astres.

Par exemple, on trouve avec les instrumens en quelque lieu sur Terre ou sur Mer, que la hauteur du Soleil à midi est de 60. dégrés 40. minutes : mais on connoît par les Tables As-

du Globe Terreſtre. 75

tronomiques que le Soleil eſt alors éloigné de l'Equateur de 10. degrés 20. minutes vers le Midy ; ce qu'on appelle ſa déclinaiſon méridionale : ſi l'on ajoûte donc ſa déclinaiſon méridionale à ſa hauteur trouvée, on aura la hauteur de l'Equateur dans le lieu de l'obſervation, laquelle ſera dans cet exemple de 71. degrés : enfin ſi cette hauteur eſt ôtée de 90. degrés ou d'un quart de Cercle, il reſtera 19. degrés pour la Latitude Septentrionale ou pour la hauteur du Pole dans des cas ; en ſorte que ce lieu doit être poſé ſur le Globe dans un Cercle paralléle à l'Equateur, qui en ſoit éloigné de 71. degrés.

Ce ſera la même operation pour connoître la Latitude par le moyen des Etoiles fixes.

DE LA LONGITUDE.

LA ſeule connoiſſance de la Latitude d'un lieu ſur la Terre ne

K ij

suffit pas pour en déterminer la position, il en faut encore une autre ; & c'est celle qu'on a appellée la Longitude.

La Longitude des lieux de la Terre est la distance qu'il y a depuis le premier Méridien jusqu'au Méridien ou Cercle horaire qui passe par chaque lieu. Cette distance se compte ou est mesurée par les degrés de l'Equateur, qui sont compris entre le premier Méridien & celui qui passe par le lieu, en allant de l'Occident vers l'Orient.

Par exemple, la Longitude de Constantinople est de 48. dégrés ; c'est-à-dire, que le Cercle Méridien qui passe par Constantinople est éloigné du premier Méridien de 48. dégrés mesurés sur l'Equateur, en allant depuis le premier Méridien vers l'Orient. Ainsi tous les lieux qui feront sous le même Méridien auront même Longitude.

On compte aussi quelquefois la Longitude par heures & par minutes d'heures ; mais ce n'est pour l'ordinaire que quand on la déduit immediatement des observations des Eclipses, comme nous avons dit en expliquant l'usage des Eclipses par rapport au Globe Celeste.

Il y a donc cette difference entre la Latitude & la Longitude, que la Latitude d'un lieu se tire immediatement de l'observation qu'on fait dans ce lieu-là ; mais que la Longitude ne se peut connoître que par rapport à un autre lieu, dans lequel on aura fait les mêmes observations d'Eclipses ; car c'est la méthode la plus asseurée de toutes celles qu'on connoisse pour déterminer les Longitudes.

Ce n'est que depuis que Sa Majesté a envoyé des Astronomes par toute la Terre, pour y observer de concert avec ceux qui sont restés à l'Obſervatoire, que tous les Etrangers reconnoiſſent que ce Lieu eſt le veritable ſiege de l'Aſtronomie. C'eſt pourquoi on a commencé à compter les differences de Longitude depuis l'Obſervatoire par heures & par minutes, comme les obſervations les donnent. On a reconnu par là que preſque toutes les Cartes du Monde étoient pleines d'erreurs tres-groſſieres. Enſorte que maintenant tous les Peuples qui s'addonnent à la Navigation avouent qu'ils ſont redevables au Roy de la certitude de leurs voyages; & ils corrigent toutes leurs Cartes ſur les obſervations faites par ordre de SA MAJESTE'.

Par le moyen de la Longitude & de la Latitude, on détermine la poſition d'un lieu ſur le Globe ou ſur la Carte. Par exemple, on ſçait que la Longitude de Conſtantinople eſt de 48. degrés; on compte ſur l'Equateur 48. degrés depuis le premier Méridien en allant vers l'Orient ; & c'eſt ſur ce Méridien qui paſſe par le 48ᵉ degré, que la Ville de Conſtantinople eſt ſituée : & comme on ſçait que cette Ville eſt à 41. degrés de Latitude Septentrionale, on remonte ſur ce Méridien depuis l'Equateur vers le Pole Septentrional, juſqu'au 41ᵉ degré ; & ce doit être la Place de Conſtantinople.

Les Cartes dont tous les lieux ſont poſés par de bonnes obſervations, c'eſt-à-dire par des Longitudes & Latitudes tres-exactes, ſont tres-utiles pour la Navigation ; car on eſt fort ſouvent en danger de perir faute de connoître exactement les lieux dont on eſt proche ou éloigné, ſoit pour éviter les dangers, ou pour prendre le tems commode pour arriver à terre.

DES CARTES GEOGRAPHIQUES.

Les Cartes Geographiques repreſentent la Terre ſur une ſuperficie plane. Il y a des Cartes qui repreſentent tout le Globe en deux Hémiſpheres, qu'on appelle communément une *Mappemonde*. Dans cette Carte les Terres & les Mers y ſont un peu differentes de figure de celles qui ſont ſur le Globe, parce qu'il n'eſt pas poſſible de repreſenter exactement une ſuperficie courbe ſur une plane. Il y en a quelques-unes qui ſont moins irrégulieres que les autres, quoi-qu'elles ſoient toutes faites ſur des principes Geometriques.

Plus le Païs qu'on repreſente ſur une Carte eſt de petite étenduë, plus la Carte en doit être juſte; car la portion du Globe qu'on y repreſente ne differe pas ſenſiblement d'une ſurface plane dans un petit eſpace.

Dans toutes les Cartes on met ordinairement au haut le Septentrion, & au bas le Midy; & l'on marque aux bords de la Carte les degrés de Longitude qui ſont au haut & au bas,

&

& aux deux côtés les degrés de Latitude. Les degrés de Latitude font égaux dans toute la hauteur des deux côtés ; car ils repréfentent les degrés des Cercles méridiens, qui font tous égaux entr'eux fur le Globe : mais les degrés de Longitude qui font plus proche des Poles, étant plus petits que ceux qui font vers l'Equateur, les degrés de la bordure du haut de la Carte font plus petits que ceux du bas, dans l'Hémifphere Septentrional.

Si l'on veut fçavoir la Longitude & la Latitude d'un lieu marqué fur une Carte, il n'y aura qu'à tendre un fil qui paffe par le lieu fur la Carte, & qui rencontre les degrés correfpondans des deux montans de la bordure, & l'on aura la Latitude du lieu marquée fur ces degrés. De même fi l'on tend le fil de haut en bas qui paffe par le lieu, & qui réponde aux mêmes divifions du haut & du bas,

L

on y trouvera la Longitude du lieu.

Lorsqu'on veut faire une Carte d'un Païs de tres-peu d'étenduë, on doit en placer tous les lieux principaux par des observations de triangles faits sur les lieux avec des bases mesurées exactement.

DES CARTES MARINES.

IL y a des Cartes qu'on appelle communément *Marines* ou *Hydrographiques*. Mais comme ces Cartes ne servent que pour les Pilotes & pour les voyages de Mer, on n'y marque ordinairement que les côtes avec beaucoup d'exactitude, tous les écueils, les bancs de sables, & autres dangers de la Mer. Il y en a aussi de particulieres, où l'on marque les sondes & les ancrages : ce qui est tres-utile aux Pilotes.

La construction de ces Cartes est un peu differente de celle des Cartes des Terres : car comme elles ne sont faites que pour la commodité des voyages de Mer, elles ont leurs degrés de Longitude & de Latitude marqués d'une maniere qui convient à la route des Vaisseaux, & à l'art de de naviger.

DE LA DIVISION DU GLOBE
Terrestre.

IL paroît en general qu'il y a plus de Mer que de Terre sur la superficie du Globe, quoi-qu'on ne puisse rien dire de ce qui est vers le Pole Méridional, où l'on n'a rien découvert.

On divise ordinairement toutes les Terres connuës en quatre Parties, à sçavoir l'Europe, l'Asie, l'Afrique & l'Amerique ; ces Parties sont separées les unes des autres par des Mers & par des Rivieres.

L'Europe est la Partie qui nous est la plus connuë, laquelle contient plusieurs Royaumes, avec quelques

Etats particuliers, qui ont chacun leur Prince. Il en est à peu près de même des autres Parties du Monde ; cependant il y a plusieurs endroits où les Peuples sont vagabons, & où ils n'ont point de Loix ni de Souverains.

On appelle les *Indes* une partie du milieu de l'Asie vers le Midy, à cause de l'*Inde* qui est un Fleuve considerable de ce Païs-là.

Le Roy d'Espagne possede la plus grande partie de l'Amerique ; les François, les Portugais, les Anglois & les Hollandois y ont plusieurs Colonies tres-peuplées ; mais celle des François est la plus considerable dans l'Amerique Septentrionale.

Il y a quantité de tres-grandes Isles, dont les plus remarquables sont l'Angleterre & l'Irlande à l'Occident de l'Europe. Madagascar ou S. Laurens est une tres-grande Isle vers la pointe méridionale de l'Afrique. Dans les parties Orientales de l'Asie, il y a un tres-grand nombre de grandes Isles, qui sont connuës sous les noms du Jappon, des Philippines, des Moluques, & des Isles de la Sonde.

Les Mers qu'on appelle d'un mot general l'*Ocean*, ont des noms particuliers proche des terres où elles sont. Toute la partie de la Mer qui est depuis la ligne vers le Septentrion, & à l'Orient de l'Amerique, & à l'Occident de l'Europe, s'appelle la Mer du Nord. Celle qui est à l'Occident de l'Amerique se nomme la Mer du Sud ; & celle qui est au Midy de l'Asie s'appelle la Mer des Indes.

Il y a encore quelques Mers particulieres qui sont renfermées entre les terres, dont la plus considerable est la Mer *Mediterranée* entre l'Europe, l'Asie & l'Afrique ; la Mer *Baltique* entre la Suede & la Pologne ; la Mer *Caspienne* qui n'est qu'un grand Lac sans aucune communication apparente avec l'Ocean ; dans l'Asie, le

Sein Persique entre la Perse & l'Arabie ; la Mer-Rouge entre l'Afrique & l'Arabie ; le Golfe ou la Baye de Hudson dans la partie Septentrionale de l'Amerique, & plusieurs autres.

DU MERIDIEN, & de l'Horizon Terrestre.

LE Méridien a son usage particulier par rapport au mouvement que tous les Astres font chaque jour autour de la Terre, comme nous l'avons déja marqué en expliquant le Globe Céleste ; mais il sert aussi à soûtenir ce Globe par ses Poles, & à le placer de la même maniere que la Terre est disposée par rapport au Ciel, en élevant les Poles au-dessus de l'Horizon du nombre de degrés que le Pole céleste est élevé dans le lieu où l'on est : & de plus, il sert à l'orienter, c'est-à-dire à le tourner exactement, comme la Terre est tournée au milieu de l'air où elle est suspenduë, suivant le Septentrion & le Midy.

L'Horizon est aussi un des Cercles des plus utiles du Globe Terrestre ; & entre ses usages, il arrête le Méridien dans sa veritable position.

On distingue ordinairement l'Horizon en *Rationel* & *Sensible*. Le Rationel est celui qui est representé sur le Globe, & qui passe par le centre du Globe, & le coupe en deux également. Mais le Sensible est celui qui est paralléle au Rationel, & qui touche la superficie de la Terre dans le lieu pour lequel il est Horizon.

On voit donc de là que l'Horizon Sensible est éloigné de l'Horizon Rationel de la quantité du demi-diametre de la Terre ; ce qui est une distance insensible par rapport à celle qu'il y a de la Terre au Soleil, & encore moins sensible par rapport à celle qu'il y a de la Terre aux Etoiles fixes. Ainsi ces deux Horizons, quoi-qu'en effet fort éloignés l'un de l'autre fur la Terre, ne font point different l'un de l'autre dans les Aftres. Aufli l'on découvre toûjours la moitié du Ciel de tous les endroits de la furface de la Terre.

On marque fur l'Horizon quatre points principaux, qui font le *Septentrion*, le *Midy*, l'*Orient* & l'*Occident*. Le Septentrion & le Midy y font déterminés par la rencontre du Méridien, & l'Orient & l'Occident par la rencontre de l'Equateur : ces quatre points font éloignés l'un de l'autre d'un quart de Cercle.

C'eſt fur ce Cercle qu'on place les Vents, aufquels on a donné des noms particuliers, qui nous font venus des anciens Pilotes de l'Océan. Les noms de ces Vents fe donnent auſſi aux principaux points de l'Horizon ; le *Nord* eſt la même chofe que le Septentrion ; le *Sud* eſt le Midy ; l'*Eſt* eſt le Levant ou l'Orient ;
&

& l'*Ouest* est le Couchant ou l'Occident.

On divise chacune de ces quatre parties en deux, & on leur donne un nom qui est composé des deux qui en sont proche ; comme entre le Nord & l'Est, on l'appelle le *Nord-Est* ; entre le Sud & l'Est, on l'appelle le *Sud-Est* ; & ainsi des autres. On divise encore chacune de ces huit parties en deux, & on leur donne un nom composé des deux les plus proche ; comme entre le Sud & le Sud-Est, on l'appelle le *Sud-Sud-Est* ; entre l'Est & le Sud-Est, on l'appelle l'*Est-Sud-Est* ; & ainsi des autres.

C'est encore sur les degrés de l'Horizon qu'on marque les Amplitudes des Astres. On appelle *Amplitude* la distance en degrés entre le vrai point du Levant & du Couchant, jusqu'à l'endroit où le Soleil ou quelqu'autre Astre se leve ou se couche. Il y a donc de deux sortes d'Amplitude, l'une vers le Septentrion, & l'autre vers le Midy. Ces Amplitudes fervent beaucoup fur la Mer pour connoître la pofition du lieu où l'on eft.

C'eſt enfin fur l'Horizon qu'on détermine la déclinaiſon de l'aiguille aimantée d'une Bouſſole, qu'on appelle en terme de Marine le *Compas*. L'une des pointes de l'aiguille d'une Bouſſole tend toûjours vers le Nord, & l'autre vers le Sud ; mais elle s'en écarte un peu quelquefois dans differens Païs, & differemment dans le même Païs en differens tems.

Nous avons veu à Paris en 1665. que l'aiguille aimantée marquoit le vrai Nord, & peu-à-peu les années fuivantes elle s'en eſt écartée vers l'Oueſt, & prefque d'un mouvement égal ; en forte qu'à prefent elle eſt éloignée du Nord vers l'Oueſt de plus de 9. degrés. Avant l'année 1665. elle déclinoit vers l'Eſt.

DES REFRACTIONS.

J'AI déja dit que l'air qui environne la Terre, & qu'on appelle l'*Atmosphere*, étoit d'une nature plus épaisse & plus dense que l'air pur qu'on appelle *Ether*. J'ai déterminé la hauteur de l'Atmosphere par des observations assez exactes, de 10. lieuës ou de 20000. toises. Mais nous sçavons que les rayons de tous les corps lumineux qui passent obliquement au-travers de tous les corps transparens de differente densité, se détournent en les rencontrant, & ne viennent pas en ligne droite depuis le corps lumineux jusqu'à nôtre œil, comme on le peut voir par une infinité d'experiences ; & c'est ce qu'on appelle *Refraction*. C'est pourquoy les rayons du Soleil & des Astres qui viennent de l'Ether, & qui passent obliquement au-travers de l'Atmosphere avant que de rencontrer nôtre œil, font détournés de la ligne droite : ce qui fait que nous appercevons le Soleil quelque tems avant qu'il foit fur l'Horizon, & qu'il nous paroît encore tout entier lors qu'effectivement il eft caché au-deffous.

C'eft cette refraction des rayons du Soleil, laquelle eft tres-grande dans les Païs qui font proche des Poles, qui fait qu'on y voit le Soleil plufieurs jours avant qu'il doive y paroître, comme quelques Relations le confirment, & qu'il ne fe couche auffi que plufieurs jours après qu'il eft effectivement couché. Il femble que la Nature ait donné cet avantage à ces Païs, pour diminuer la longueur des nuits qui font en quelques endroits de plufieurs mois.

L'ufage du petit Cercle horaire qui eft attaché fur le Méridien du Globe Terreftre, eft à peu près le même que celui du Globe Célefte. On peut voir par fon moyen de combien d'heures le Soleil vient plûtôt ou plûtard au Méridien dans des lieux differens : car si l'on pose le lieu le plus Occidental sous le Méridien, & l'aiguille sur le point de 12. heures du Cercle horaire ; lorsqu'on aura fait tourner le Globe selon le mouvement du premier Mobile, & que l'autre lieu sera arrivé sous le Méridien, l'aiguille marquera sur le Cercle horaire le nombre des heures que l'on cherche.

DE LA MESURE DE LA TERRE.

TOus les Astronomes qui ont été protegés par de grands Princes, ont crû qu'ils ne pouvoient rien entreprendre de plus utile & de plus considerable, que de connoître exactement la grandeur de la Terre. Ils sçavoient que cette operation dépendoit de deux choses ; l'une d'une mesure actuelle qu'il falloit faire sur la surface de la Terre, & l'autre du rapport que cette mesure avoit avec les

Etoiles du Firmament. La mesure sur la Terre étoit assez facile : mais pour aller plus loin que les Anciens, les observations du Ciel demandoient des instrumens d'une plus grande justesse, que ceux qu'on avoit eus jusqu'à l'Etablissement de l'Academie ; & c'étoit ce qu'on n'osoit pas esperer.

Cependant les découvertes qui furent faites dans l'Academie des Sciences peu de tems après, tant des Horloges à pendule, que des Pinnules à Lunette, firent connoître aux illustres Academiciens qui la composoient, que sous la protection du Roy ils étoient en état de pousser cette entreprise plus loin qu'on n'avoit jamais fait, Sa Majesté leur ayant fait donner magnifiquement tout ce qui étoit nécessaire pour la faire réüssir.

C'est aussi ce qu'ils exécuterent, ayant pris pour cet effet toutes les précautions nécessaires tant pour la mesure de la base qui devoit leur servir, & qui étoit de 5663. toises, que pour les observations célestes. Ils mesurerent un degré & un peu plus aux environs de Paris en tirant vers le Septentrion, & ils déterminerent que la grandeur d'un degré sur la surface du Globe Terrestre étoit de 57060. toises mesure de Paris.

On a depuis continué la ligne Méridienne qui sert à cette mesure vers les extremités du Royaume, tant vers le Midy, que vers le Septentrion, afin d'avoir plusieurs degrés ; mais l'ouvrage n'est pas encore entierement achevé.

Sur la mesure de 57060. toises au degré, tout le tour du Globe ou la circonference d'un de ses grands Cercles sera de 20541600 toises, & le diametre de la Terre de 6538594. toises. Mais si l'on fait qu'il y ait 25. lieuës au degré, chacune de ces lieuës sera de 2282. toises, qui seront des lieuës moyennes, & la circonférence de la Terre sera de 9000 lieuës.

FIN.

www.ingramcontent.com/pod-product-compliance
Lightning Source LLC
Chambersburg PA
CBHW070249100426
42743CB00011B/2203